Klassisch gut:

Goethe-Zitate

Herausgegeben von
Christel Foerster

Mit Schattenrissen
der Goethezeit

BuchVerlag
für die Frau

Illustrationen:
S. 11, 17, 23, 27, 37, 39, 51, 53, 55, 58/59, 65, 81, 91, 95, 97, 107, 111, 115, 121, 123 mit freundlicher Genehmigung der Stiftung Weimarer Klassik;
S. 4 mit freundlicher Genehmigung des Schiller-Nationalmuseums in Marburg (siehe auch Seite 124)

ISBN 3-932720-75-X
(Ausgabe im Pappband)
ISBN 3-932720-87-3
(Limitierte Sonderausgabe im Ledereinband)

Einband, Typografie und Satz:
Lore Jacobi
Gesamtherstellung:
Salzland Druck GmbH & Co. KG, Staßfurt

Printed in Germany

Inhalt

Am 28. August 1749, »mittags mit dem Glockenschlag zwölf«, kam Johann Wolfgang Goethe – den Kaiser Joseph II. 1782 in den Adelsstand erhob – in Frankfurt am Main zur Welt. Der Vater, Jurist und Kaiserlicher Rat, entstammte einer alten Thüringer Handwerkerfamilie. Die Mutter, 21 Jahre jünger als ihr Mann, gehörte einer eingesessenen Gelehrten- und Beamtenfamilie an; ihr Vater Johann Wolfgang Textor bekleidete in der Freien Reichsstadt Frankfurt das Amt eines Schultheißen (Bürgermeister).

Im Haus »Am Hirschgraben« erlebten Goethe und seine 1750 geborene Schwester Cornelia – vier weitere Geschwister starben frühzeitig – eine glückliche Kindheit. Unterrichtet wurden sie vom Vater, die »Frohnatur« der Mutter machte beide begabte Kinder sensibel für die schönen Dinge des Lebens...

Gerade 16 Jahre alt, kam Goethe nach Leipzig, um hier auf Wunsch des Vaters Rechtswissenschaft zu studieren. Der Studiosus besuchte allerdings viel lieber Poesievorlesungen, ließ sich vom Maler Oeser und vom Kupferstecher Stock in deren Fächern ausbilden, ging seinen naturwissenschaftlich-medizinischen Ambitionen nach, er verkehrte in weltoffenen Bürgerhäusern, verliebte sich, dichtete...

In Straßburg promovierte Goethe. In Wetzlar, als Praktikant am Reichskammergericht, vollendete er 1772 das Schauspiel, das als erstes seiner Werke Aufsehen erregte, den »Götz von Berlichingen«, und entwarf den Roman, der ihm sogleich nach seinem Erscheinen (1774) über die Grenzen hinweg Ruhm eintrug: »Die Leiden des jungen Werthers«.

1775, gerade hatte er zum Mißfallen der Frankfurter Bürger die Verlobung mit der Bankierstochter Lili Schönemann gelöst, erreichte ihn die sein weiteres Leben bestimmende Einladung des jungen Herzogs Carl August nach Weimar. Er wurde Minister (1776 Geheimer Legationsrat) am Hof von Sachsen-Weimar – u.a. hatte er die Wegebaudirektion, die Kriegskommission und die Finanzgeschäfte, den Wiederaufbau des abgebrannten Schlosses, die Herzoglichen Bibliotheken in Weimar und Jena und fast 30 Jahre das Hoftheater zu leiten

Goethe prägte nicht nur das gesellschaftliche und kulturelle Leben der Stadt an der Ilm, er machte sie auch zur Hauptstadt der klassischen Literatur. Wie ein geistiges »Zentralgestirn« zog er Persönlichkeiten nach Weimar, z.B. sorgte er für Herders Berufung, und Schiller kam seinetwegen.

Am 22. März 1832 starb Goethe in Weimar, vier Tage später wurde er in der Fürstengruft auf dem Alten Friedhof beigesetzt.

In den beinahe sechs Jahrzehnten, die Goethe in Weimar – von 1788 bis zu ihrem Tode 1816 an der Seite von Christiane – lebte und wirkte, hat er eine schier unübersehbare Fülle dichterischer, literatur- und naturwissenschaftlicher Werke geschaffen – die ab 1827 erschienene 1. Gesamtausgabe umfaßte 40 Bände! Für die vorliegende kleine Ausgabe wurden einige der zartesten, anmutigsten Liebes- und Naturgedichte ausgewählt, vor allem aber Epigramme, Sentenzen, Gedichtzeilen, Sprüche und Sätze aus den Prosawerken, Dramen und Singspielen, die zu »Geflügelten Worten« geworden sind.

O Lieb', o Liebe!

Freudvoll
und leidvoll,
gedankenvoll sein,
langen
und bangen
in schwebender Pein;
himmelhoch jauchzend,
zum Tode betrübt –
glücklich allein
ist die Seele, die liebt.

Aus: Egmont

Die Liebe ist eine Konversationsbrille, aber nur für den Gegenstand, den man damit betrachtet, nicht für uns.

Im Gespräch mit Friedrich Wilhelm Riemer, Bibliothekar und Hauslehrer von Goethes Sohn

Glück macht Mut.

Aus: Götz von Berlichingen

Welch ein Glück,
geliebt zu werden,
Und lieben, Götter,
welch ein Glück!

Aus: Willkommen und Abschied

Krone des Lebens,
Glück ohne Ruh',
Liebe bist du!

Aus: Rastlose Liebe

März

Es ist ein Schnee gefallen,
denn es ist noch nicht Zeit,
daß von den Blümlein allen,
daß von den Blümlein allen
wir werden hoch erfreut.

Der Sonnenblick betrüget
mit mildem, falschem Schein,
die Schwalbe selber lüget,
die Schwalbe selber lüget,
warum? Sie kommt allein!

Sollt' ich mich einzeln freuen,
wenn auch der Frühling nah?
Doch kommen wir zu zweien,
doch kommen wir zu zweien,
gleich ist der Sommer da.

… und schreibe Dir nun auch, um Dir wieder einmal zu sagen, daß ich Dich recht lieb habe und daß Du mir an allen Enden und Ecken fehlst.

An Christiane Vulpius, 1792;
sie lebte seit 1788 mit Goethe zusammen
und war Mutter seines 1789 geborenen
Sohnes August; die Heirat von Christiane
und Goethe erfolgte 1806.

Wohl dem, der ein tugendsam
Weib hat!
Des lebt er noch eins so lange.

Aus: Götz von Berlichingen

Freiwillige Abhängigkeit ist der schönste Zustand, und wie wäre der möglich ohne Liebe?

Aus: Die Wahlverwandtschaften

Lust und Liebe sind die Fittiche
Zu großen Taten.

Aus: Iphigenie auf Tauris

Die Tat allein
beweist der Liebe Kraft.

Aus: Die natürliche Tochter

Zwei liebende Herzen, sie sind wie zwei Magnetuhren: was in der einen sich regt, muß auch die andere mitbewegen; denn es ist nur eins, was in beiden wirkt, eine Kraft, die sie durchgeht.

Aus: Wilhelm Meisters Lehrjahre

Das ist in der Welt nun einmal nicht anders, keiner gönnt dem andern seine Vorzüge, von welcher Art sie auch seien, und da er sie ihm nicht nehmen kann, so verkleinert er oder leugnet sie oder sagt gar das Gegenteil. Genieße also, was Dir das Glück gegönnt hat und was Du Dir erworben hast und suche Dir's zu erhalten.

An Christiane von Goethe, 1808

Es ist nichts reizender als eine Mutter zu sehen mit einem Kind auf dem Arme, und nichts ehrwürdiger als eine Mutter unter vielen Kindern.

Aus: Wilhelm Meisters Lehrjahre

Im Ehestand muß man sich
manchmal streiten, denn
dadurch erfährt man was
voneinander.

Aus: Die Wahlverwandtschaften

Sie glauben miteinander
zu streiten,
Und fühlen das Unrecht
von beiden Seiten.

Ein braver Mann!
Ich kenn ihn ganz genau,
Erst prügelt er,
dann kämmt er seine Frau.

Die Erde wird durch Liebe frei,
Durch Taten wird sie groß.

Aus: Sprichwörtliches

Mailied

Wie herrlich leuchtet
Mir die Natur!
Wie glänzt die Sonne!
Wie lacht die Flur!

Es dringen Blüten
Aus jedem Zweig
und tausend Stimmen
aus dem Gesträuch.

Und Freud' und Wonne
Aus jeder Brust.
O Erd', o Sonne!
O Glück, o Lust!

O Lieb', o Liebe!
So golden schön,
Wie Morgenwolken
Auf jenen Höhn!

Du segnest herrlich
Das frische Feld,
Im Blütendampfe
Die volle Welt.

O Mädchen, Mädchen,
Wie lieb' ich dich!
Wie blickt dein Auge!
Wie liebst du mich!

So liebt die Lerche
Gesang und Luft,
Und Morgenblumen
Den Himmelsduft,

Wie ich dich liebe
Mit warmem Blut,
Die du mir Jugend
Und Freud' und Mut

Zu neuen Liedern
Und Tänzen gibst.
Sei ewig glücklich,
Wie du mich liebst!

Das Beste

Wenn dir's in Kopf und Herzen schwirrt,
Was willst du Beßres haben!
Wer nicht mehr liebt und nicht mehr irrt,
Der lasse sich begraben.

Aus: Epigramme

Das Leben war ihnen ein Rätsel, dessen Auflösung sie nur miteinander fanden.

Aus: Die Wahlverwandtschaften

Nutze deine jungen Tage ...

Vom Vater hab' ich die Statur,
des Lebens ernstes Führen,
vom Mütterchen die Frohnatur
und Lust zu fabulieren.
Urahnherr war der Schönsten
hold,
das spukt so hin und wieder;
Urahnfrau liebte Schmuck
und Gold,
das zuckt wohl durch die
Glieder.
Sind nun die Elemente nicht
aus dem Komplex zu trennen,
was ist denn an dem ganzen
Wicht
Original zu nennen?

Aus: Zahme Xenien

Kophtisches Lied

Geh! gehorche meinen Winken,
Nutze deine jungen Tage,
Lerne zeitig, klüger sein:
Auf des Glückes großer Waage
Steht die Zunge selten ein;
Du mußt steigen oder sinken,
Du mußt herrschen und
gewinnen,
Oder dienen und verlieren,
Leiden oder triumphieren,
Amboß oder Hammer sein.

Der Zweck des Lebens
ist das Leben selbst.

An den Mitarbeiter, Maler und Kunstschriftsteller Johann Heinrich Meyer, 1796

Wenn auch die Welt im ganzen vorschreitet, die Jugend muß doch immer wieder von vorne anfangen und als Individuum die Epochen der Weltkultur durchmachen.

Zu Johann Peter Eckermann,
Goethes Privatsekretär seit 1823;
aus: Gespräche mit Goethe

Junge Leute sind wunderlich,
waren wir's doch auch.

An die Freundin Marianne von Willemer,
1830

Das Alter ehr' ich,
denn es hat für mich gelebt.

Gern will ich sammeln,
daß ich einst auch geben kann.

Aus: Palaephron und Neoterpe

Wohl dem, der seiner Väter gern gedenkt!

Aus: Iphigenie auf Tauris

Was du ererbt von deinen Vätern hast,
Erwirb es, um es zu besitzen.

Aus: Faust

Der Irrtum ist recht gut,
so lange wir jung sind;
man muß ihn nur nicht
mit ins Alter schleppen.

Aus: Sprüche

Wie bald schwinden die Spuren des Menschenlebens von der Erde weg …
Sie haben ganz recht zu sagen, daß der Lebende dem Lebenden mit Vorsatz Freude machen solle, da so manches Unerfreuliche sich leider von selbst versteht.

An den Schwager, Staatsmann und Schriftsteller Johann Georg Schlosser, 1824

Der den Augenblick ergreift,
Das ist der rechte Mann.

Aus: Faust

Im Gedränge hier auf Erden
Kann nicht jeder, was er will.

Aus: Des Epimenides Erwachen

Den rechten Weg wirst nie
vermissen,
Handle nur nach Gefühl und
Gewissen.

Aus: Zahme Xenien

Wir leben nach unserer alten Weise still und fleißig, in allem etwas mäßiger als vorm Jahre, besonders auch was den Wein betrifft; wobei mir denn lieb ist, aus Deinem Briefe zu sehen, daß Du Dich auch vor diesem so sehr zur Gewohnheit gewordenen Getränk in acht nimmst, das mehr als man glaubt, einem besonnenen, heiteren und tätigen Leben entgegen wirkt.

An den Sohn August von Goethe, 1808

Große Gedanken und ein reines Herz, das ist's, was wir uns von Gott erbitten sollten.

Aus: Wilhelm Meisters Wanderjahre

Ein großer Fehler: daß man sich mehr dünkt als man ist und sich weniger schätzt als man wert ist.

Aus: Maximen und Reflexionen

Eines schickt sich nicht für alle!
Sehe jeder, wie er's treibe,
Sehe jeder, wo er bleibe,
Und wer steht, daß er nicht falle!

Aus: Beherzigung

Die Tat ist alles,
nichts der Ruhm.

Aus: Faust

Genieße mäßig Füll' und Segen;
Vernunft sei überall zugegen,
Wo Leben sich des Lebens freut.

Aus: Vermächtnis

Willst du immer weiter
schweifen?
Sieh, das Gute liegt so nah.
Lerne nur das Glück ergreifen,
Denn das Glück ist immer da.

Aus: Erinnerung

Der Mensch mag sich wenden, wohin er will, er mag unternehmen, was es auch sei: stets wird er auf jenen Weg wieder zurückkehren, den ihm die Natur einmal vorgezeichnet hatte.

Aus: Dichtung und Wahrheit

Das Veilchen

Ein Veilchen auf der Wiese stand
gebückt in sich und unbekannt;
es war ein herzigs Veilchen.
Da kam eine junge Schäferin
mit leichtem Schritt und
munterm Sinn
daher, daher,
die Wiese her und sang.

Ach, denkt das Veilchen,
wär' ich nur
die schönste Blume der Natur,
ach, nur ein kleines Weilchen,
bis mich das Liebchen
abgepflückt
und an dem Busen matt gedrückt!
Ach nur, ach nur
ein Viertelstündchen lang!

Ach, aber ach, das Mädchen kam
und nicht in acht das Veilchen nahm,
ertrat das arme Veilchen.
Es sank und starb und freut' sich noch
Und sterb' ich denn, so sterb' ich doch
durch sie, durch sie,
zu ihren Füßen doch.

Und wenn du dir nur selbst vertraust,
Vertrauen dir die andern Leute.

Aus: Faust

Edel sei der Mensch,
Hilfreich und gut!
Denn das allein
Unterscheidet ihn
Von allen Wesen,
Die wir kennen.

Aus: Das Göttliche

Ja, diesem Sinne bin ich ganz ergeben,
Das ist der Weisheit letzter Schluß;
Nur der verdient sich Freiheit wie das Leben,
Der täglich sie erobern muß.

Aus: Faust

Wer nicht die Welt in seinen Freunden sieht ...

Einen kritischen Freund an der Seite, kommt man immer schneller vom Fleck.

Man soll sich nicht isolieren, denn man kann nicht isoliert bleiben; in Gesellschaft lernt man eher sich und andre tragen.

An den Schriftsteller und »alten weimarischen Urfreund« Karl Ludwig von Knebel, 1798 (1) und 1787 (2)

Wie fruchtbar ist
der kleinste Kreis,
Wenn man ihn wohl
zu pflegen weiß.

Aus: Zahme Xenien

An den Mond

Füllest wieder Busch und Tal
Still mit Nebelglanz,
Lösest endlich auch einmal
Meine Seele ganz;

Breitest über mein Gefild
Lindernd deinen Blick,
Wie des Freundes Auge mild
Über mein Geschick.

Jeden Nachklang fühlt mein Herz
Froh – und trüber Zeit,
Wandle zwischen Freud und
Schmerz
In der Einsamkeit.

Fließe, fließe, lieber Fluß!
Nimmer werd' ich froh;
So verrauschte Scherz und Kuß
Und die Treue so!

Ich besaß es doch einmal,
Was so köstlich ist!
Daß man doch zu seiner Qual
Nimmer es vergißt!

Rausche, Fluß, das Tal entlang,
Ohne Rast und Ruh',
Rausche, flüstre meinem Sang
Melodien zu!

Wenn du in der Winternacht
Wütend überschwillst,
Oder um die Frühlingspracht
Junger Knospen quillst.

Selig, wer sich vor der Welt
Ohne Haß verschließt,
Einen Freund am Busen hält
Und mit dem genießt,

Was von Menschen nicht gewußt
Oder nicht bedacht,
Durch das Labyrinth der Brust
Wandelt in der Nacht.

Wer nicht die Welt in seinen
Freunden sieht,
Verdient nicht, daß die Welt
von ihm erfahre.

Aus: Torquato Tasso

Ohne Aufopferung läßt sich
keine Freundschaft denken.

Wer sich der Einsamkeit ergibt,
Ach! Der ist bald allein!

Aus: Wilhelm Meisters Lehrjahre

Ich liebe mir den heitern Mann
Am meisten unter meinen
Gästen:
Wer sich nicht selbst zum
besten haben kann,
Der ist gewiß nicht von den
Besten.

Aus: Epigrammatisch

Persönliche Bekanntschaft ist der Grund zu allen wahren Verhältnissen.

An den Berliner Medailleur und Münzmeister Gottfried Bernhard Loos, 1826

Ein Werdender wird immer dankbar sein

Es bildet ein Talent sich
in der Stille,
Sich ein Charakter in dem Strom
der Welt.

Aus: Torquato Tasso

Wo wir uns bilden,
da ist unser Vaterland.

Aus: Was wir bringen

Nicht allein das Angeborene,
auch das Erworbene
ist der Mensch.

Aus: Sprüche

Gebildete Menschen und die auf Bildung anderer arbeiten, bringen ihr Leben ohne Geräusche zu.

An Charlotte von Stein, 1807

Wer fertig ist, dem ist nichts recht zu machen,
Ein Werdender wird immer dankbar sein.

Aus: Faust

Die Geschichte des Menschen ist sein Charakter.

Aus: Wilhelm Meisters Lehrjahre

Nur bei verwickelten, mißlichen Fällen erkennt der Mensch, was in ihm steckt.

An den Juristen und Freund aus Wetzlarer Tagen Johann Christian Kestner, 1773

Die beste Bildung findet der gescheite Mensch auf Reisen.

Aus: Wilhelm Meisters Lehrjahre

Kein Mensch kann eine Faser seines Lebens ändern, ob er gleich vieles an sich bilden kann.

Die Menschen werden nur von Menschen gebildet, die Guten von Guten.

An den Philosophen Friedrich Heinrich Jacobi, 1784 (1) und 1788 (2)

In der Gewohnheit ruht das einzige Behagen des Menschen; selbst das Unangenehme, woran wir uns gewöhnten, vermissen wir ungern.

Aus: Wilhelm Meisters Wanderjahre

Die Menschen wollen immer etwas Neues, und wenn es ihnen geboten wird, wissen sie sich nicht darein zu finden.

An den weimarischen Staatsmann Christian Gottlob Voigt, 1813

Man läßt sich seine Mängel vorhalten, man läßt sich strafen, man leidet manches um ihrer willen mit Geduld;
aber ungeduldig wird man, wenn man sie ablegen soll.

Aus: Die Wahlverwandtschaften

Man muß seine Irrtümer teuer bezahlen, wenn man sie los werden will – und dann hat man noch von Glück zu sagen.

Aus: Sprüche

Man könnt' erzogene Kinder
gebären,
Wenn die Eltern erzogen wären.

Aus: Sprüche

Wir können die Kinder nach
unserem Sinne nicht formen.
So wie sie Gott uns gab, so muß
man sie haben und lieben,
Sie erziehen aufs beste und
jeglichen lassen gewähren.
Denn der eine hat die, die
anderen andere Gaben.
Jeder braucht sie, und jeder ist
doch nur auf eigene Weise
Gut und glücklich.

Aus: Hermann und Dorothea

Wir haben angeborne und anerzogene Schwächen, und es möchte noch die Frage sein, welche von beiden uns am meisten zu schaffen macht.

Aus: Dichtung und Wahrheit

Wenn man nur des guten Tags immer zu brauchen wüßte, mit dem Morgen ist's so eine Sache.

An den Philosophen, Schriftsteller und Theologen Johann Gottfried Herder, 1786

Wie denn die Menschen das Wort Feiertag hören, so sind sie alle verrückt und niemand denkt, daß er die größte Zeit seines Lebens müßig herumläuft oder gestreckt daliegt.

An den Sohn August von Goethe, 1818

Die Jugend will lieber angeregt
als unterrichtet sein.

Es ist ein frommer Wunsch aller Väter, das, was ihnen selbst abgegangen, an den Söhnen realisiert zu sehen, so ungefähr, als wenn man zum zweitenmal lebte und die Erfahrungen des ersten Lebenslaufes nun erst recht nutzen wollte.

Aus: Dichtung und Wahrheit

Das Betragen ist ein Spiegel,
in welchem jeder sein Bild zeigt.

Aus: Sprüche

Man kann einem jungen Menschen keine größere Wohltat erweisen, als wenn man ihn rechtzeitig in die Bestimmungen seines Lebens einweiht.

Aus: Wilhelm Meisters Lehrjahre

Es ist ja kein Geheimnis, daß niemand überzeugt wird, wenn er nicht will.

An den Erzähler und Musikschriftsteller Johann Friedrich Rochlitz, 1812

Nachgiebigkeit macht immer alle Mühe und Arbeit halb verloren.

An das Mitglied der Weimarer Hoftheaterintendanz Franz Kirms, 1798

Und keinen Tag soll man verpassen ...

Des echten Mannes wahre Feier
ist die Tat.

Aus: Pandora

Was verkürzt mir die Zeit?
Tätigkeit!
Was macht sie unerträglich lang?
Müßiggang!
Was bringt in Schulden?
Harren und Dulden!
Was macht gewinnen?
Nicht lange besinnen!
Was bringt zu ehren?
Sich wehren!

Noch ist es Tag, da rühre sich
der Mann,
Die Nacht tritt ein, wo niemand
wirken kann.

Aus: West-östlicher Divan

Was heute nicht geschieht,
ist morgen nicht getan,
Und keinen Tag soll man
verpassen.
Das Mögliche soll der
Entschluß
Beherzt sogleich beim
Schopfe fassen.
Er will es dann nicht fahren
lassen,
Und wirket weiter, weil er muß.

Wer immer strebend sich
bemüht,
Den können wir erlösen.

Aus: Faust

Was aber ist deine Pflicht?
Die Forderung des Tages.

Aus: Maximen und Reflexionen

Tu' nur das Rechte in deinen
Sachen,
Das andre wird sich von selber
machen.

Aus: Sprichwörtliches

Jeder Tag bringt etwas zu tun und etwas zu sorgen, das ist denn doch das Beste von der Sache. Stein auf Stein, mit gutem Vorbedacht, gibt zuletzt auch ein Gebäude.
Ich schiebe immer den Tag vor mir her, wie es denn am Ende jeder tut, wenn er seinen Kaffee getrunken hat. Leider gewinnt man weiter nichts dabei als die Überzeugung, daß noch immer genug zu tun übrig bleibt.

An den Komponisten
Karl Friedrich Zelter, 1824 (1), 1831 (2)

Ein Tag der Gunst ist wie ein Tag der Ernte:
Man muß geschäftig sein,
sobald sie reift.

Aus: Torquato Tasso

Es ist besser, das geringste Ding von der Welt zu tun, als eine halbe Stunde für gering zu halten.

Aus: Wilhelm Meisters Lehrjahre

Den Menschen ist nur mit Gewalt oder List etwas abzugewinnen. Mit Liebe auch, sagt man; aber das heißt auf Sonnenschein warten, und das Leben braucht jede Minute.

Im Gespräch mit dem Philologen und Hauslehrer von Goethes Sohn Friedrich Wilhelm Riemer, 1810

Niemand dient einem andern aus freien Stücken; weiß er aber, daß er sich damit selber dient, so tut er es gern.

Im Gespräch mit Johann Peter Eckermann

Das Leben ist des Lebens Pfand. Es ruht nur auf sich selbst und muß sich selbst verbürgen.

Aus: Die natürliche Tochter

Aus tiefem Gemüt, aus der Mutter Schoß
Will manches dem Tage entgegen;
Doch soll das Kleine je werden groß,
So muß es sich rühren und regen.

Aus: Gott, Gemüt, Welt

Freiheit ist nichts als die Möglichkeit, unter allen Bedingungen das Vernünftige zu tun.

Im Gespräch mit Kanzler Friedrich von Müller, 1827

Der Mensch muß bei dem Glauben verharren, daß das Unbegreifliche begreiflich sei; er würde sonst nicht forschen.

Aus: Über Naturwissenschaft im Allgemeinen

Im Durchschnitt bestimmt die Erkenntnis des Menschen, von welcher Art sie auch sei, sein Tun und lassen; deswegen auch nichts schrecklicher ist, als die Unwissenheit handeln zu sehen.

Aus: Wilhelm Meisters Wanderjahre

Hat denn zur unerhörten Tat
der Mann
Allein das Recht?

Aus: Iphigenie auf Tauris

Das schönste Glück des denkenden Menschen ist: das Erforschliche erforscht zu haben und das Unerforschliche ruhig zu verehren.

Aus: Sprüche

Grundsätze kann man nicht fest genug bei sich stellen, aber was die Anwendung betrifft, ist es Pflicht, sich freigesinnt und nachgiebig zu verhalten.

An den Bildhauer
Johann Gottfried Schadow, 1815

Der Mensch, der Gewalt über sich selbst hat und behauptet, leistet das Größte und Schwerste.

Im Gespräch mit dem Kunstforscher und Sammler Sulpiz Boisserie

Wie du mir, so ich dir

Mann mit zugeknöpften Taschen,
Dir tut niemand was zulieb:
Hand wird nur von Hand
gewaschen
Wenn du nehmen willst, so gib'.

Aus: Epigrammatisch

Wenn man wohltätig sein will und weiter nichts, so kann das jeder am hellen Tage und in seinem Hauskleid.

An den Komponisten Philipp Christoph Kayser, 1783

Was du willst, daß die
Menschen für dich tun sollen,
das tue für sie.

Aus: Der Großkophta

Wie schön ist es, zu einem großen Zweck hinreichende Mittel zu versammeln.

*An den preußischen Minister
Ludwig Friedrich Graf von Bülow, 1821*

Wer nicht im Augenblick hilft, scheint mir nie zu helfen; wer nicht im Augenblick Rat gibt, nie zu raten.

Aus: Wilhelm Meisters Lehrjahre

Zum Tun gehört Talent,
zum Wohltun Vermögen.

Aus: Maximen und Reflexionen

Es geziemt dem Manne,
Auch willig das Beschwerliche
zu tun.

Aus: Torquato Tasso

Es ist nicht genug zu wissen, man muß es auch anwenden; es ist nicht genug zu wollen, man muß es auch tun.

Die Menschen werden wohl über die Zwecke einig, viel seltener über die Mittel, dahin zu gelangen.

Aus: Wilhelm Meisters Wanderjahre

Man tadelt den,
der seine Taten wägt.

Aus: Iphigenie auf Tauris

Die Schwierigkeiten wachsen,
je näher man dem Ziele kommt.

Aus: Die Wahlverwandtschaften

Menschengefühl

Ach, Ihr Götter! Große Götter
In dem weiten Himmel droben!
Gäbet Ihr uns auf der Erde
Festen Sinn und guten Mut:
O, wir ließen Euch, Ihr Guten,
Euren weiten Himmel droben!

Aus: West-östlicher Divan

Alle Guten sind genügsam

Ich bin gewohnt, armselig
zu leben,
aber nicht, armselig zu denken.

Aus: Der Großkophta

Allgemeine Begriffe und großer Dünkel sind immer auf dem Wege, entsetzliches Unglück anzurichten.

Aus: Wilhelm Meisters Lehrjahre

Es ist bekannt, daß die Menschen, sobald es ihnen einigermaßen und nach ihrem Sinne geht, alsobald nicht wissen, was sie vor Übermut anfangen sollen.

Man verliert nicht immer,
wenn man entbehrt.

Auch ohne Besitz läßt sich Benutzung denken.

Aus: Wilhelm Meisters Wanderjahre

Hat einer nur so viel Freiheit, um gesund zu leben und sein Gewerbe zu treiben, so hat er genug.

Im Gespräch mit Johann Peter Eckermann

Tief und ernstlich denkende Menschen haben gegen das Publikum einen bösen Stand.

Aus: Maximen und Reflexionen

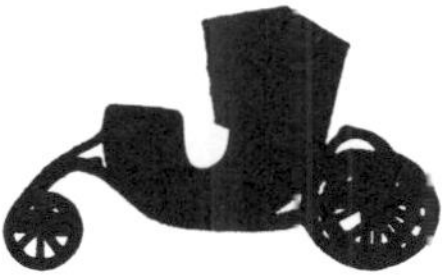

Gefunden

Ich ging im Walde
so für mich hin,
und nichts zu suchen,
das war mein Sinn.

Im Schatten sah ich
ein Blümchen stehn,
wie Sterne leuchtend,
wie Äuglein schön.

Ich wollt' es brechen,
da sagt' es fein:
Soll ich zum Welken
gebrochen sein?

Ich grub's mit allen
den Würzlein aus,
zum Garten trug ich's
am hübschen Haus.

Und pflanzt' es wieder
am stillen Ort;
nun zweigt es immer
und blüht so fort.

Alle Guten sind genügsam.

Aus: West-östlicher Divan

Aufrichtig zu sein kann ich versprechen, unparteiisch zu sein aber nicht.

Aus: Maximen und Reflexionen

Früh, wenn Tal

Früh, wenn Tal, Gebirg' und
Garten
Nebelschleiern sich enthüllen
und dem sehnlichsten Erwarten
Blumenkelche bunt sich füllen;

wenn der Äther, Wolken tragend,
mit dem klaren Tage streitet
und ein Ostwind, sie verjagend,
blaue Sonnenbahn bereitet;

dankst du dann, am Blick dich
weidend,
reiner Brust der Großen, Holden,
wird die Sonne, rötlich
scheidend,
rings den Horizont vergolden.

Wer Großes will,
muß sich
zusammenraffen

Wenn man Gesetze gibt, so ist es wohlgetan, auch zu sorgen, daß sie befolgt werden können.

An den Juristen Christoph Friedrich Ludwig Schultz, 1809

Wo das Gesetz nicht hilft,
da muß die Klugheit raten.

An den Verleger und Buchhändler Johann Friedrich Cotta, 1816

Es gibt zwei feindliche Gewalten,
das Recht und die Schicklichkeit.

Aus: Sprüche

Nach seinem Sinne leben, ist gemein,
Der Edle strebt nach Ordnung und Gesetz.

Aus: Die natürliche Tochter

Harfenspieler

Wer nie sein Brot mit Tränen aß,
Wer nie die kummervollen
Nächte
Auf seinem Bette weinend saß,
Der kennt euch nicht,
ihr himmlischen Mächte.

Ihr führt ins Leben uns hinein,
Ihr laßt den Armen schuldig
werden,
Dann überlaßt ihr ihn der Pein:
Denn alle Schuld
rächt sich auf Erden.

Aus: Wilhelm Meisters Lehrjahre

Wer die Heuchelei angreift, wird oft eines Angriffs auf die Religion beschuldigt.

Aus: Wilhelm Meisters Wanderjahre

Nichts taugt Ungeduld,
Noch weniger Reue.
Jene vermehrt die Schuld,
Diese schafft neue.

Aus: Sprüche

Wer Großes will, muß sich
zusammenraffen.
In der Beschränkung zeigt sich
erst der Meister,
Und das Gesetz nur kann uns
Freiheit geben.

Aus: Was wir bringen

Manches Herrliche der Welt ...

Welche Regierung die beste sei?
Diejenige, die uns lehrt,
uns selbst zu regieren.

Aus: Sprüche

Mache zum Herrscher sich der,
der seinen Vorteil verstehet;
Doch wir wählen uns den, der
sich auf uns versteht.

Aus: Epigrammatisch

So gewiß ist der allein glücklich und groß, der weder zu herrschen noch zu gehorchen braucht, um etwas zu sein.

Aus: Götz von Berlichingen

Den hehren Despoten lieb' ich
im Krieg,
Verständigen Monarchen
gleich hinter dem Sieg.

Aus: Sprüche

Den Teufel spürt das Völkchen
nie,
und wenn er sie beim Kragen
hätte.

Aus: Faust

Zu Sklaverei gewöhnt der
Mensch sich gut,
Und lernet leicht gehorchen,
wenn man ihn
Der Freiheit ganz beraubt.

Aus: Iphigenie auf Tauris

Die Menschen werfen sich im Politischen wie auf dem Krankenlager von einer Seite zur anderen, in der Meinung, besser zu liegen.

An den Weimarer
Kanzler Friedrich von Müller, 1825

Wer sein Vaterland nicht kennt, hat keinen Maßstab für fremde Länder.

Aus: Wilhelm Meisters Wanderjahre

Beschilderter Arm

Manches Herrliche der Welt
Ist in Krieg und Streit zerronnen;
Wer beschützet und erhält,
Hat das schönste Los gewonnen.

Aus: Sprüche

Wir wollen den innern Frieden, der höher ist als alles Kriegs- und Friedensgewäsche, zu erhaltensuchen und uns der Gesinnungen, die uns verbindet, freuen.

An den weimarischen Staatsmann Christian Gottlob Voigt, 1795

Man muß nur in die Fremde gehen, um das Gute kennenzulernen, was man zu Hause besitzt.

An Franz Kirms, 1797

Wenn man einige Monate die Zeitungen nicht gelesen hat, und man liest sie alsdann zusammen, so zeigt sich erst, wie viel Zeit man mit diesen Papieren verdirbt. Die Welt war immer in Parteien geteilt, besonders ist sie es jetzt, und während jedes zweifelhaften Zustandes kirrt der Zeitungsschreiber eine oder die andere Partei mehr oder weniger und nährt die innere Neigung und Abneigung von Tag zu Tag, bis zuletzt Entscheidung eintritt und das Geschehene wie eine Gottheit angestaunt wird.

Aus: Maximen und Reflexionen

Man muß nicht vergleichen, sondern soll jede Nation, jeden Dichter und Schriftsteller, jedes Individuum an sich betrachten und schätzen.

An die Schwiegertochter
Ottilie von Goethe, 1825

Die Deutschen sind recht gute Leut'
Sind sie einzeln, sie bringen's weit;
Nun sind ihnen auch die größten Taten
Zum erstenmal im ganzen geraten.
Ein jeder spreche Amen darein,
Daß es nicht möge das letzte Mal sein.

Aus: Politica

Die Deutschen, und sie nicht allein, besitzen die Gabe, die Wissenschaften unzugänglich zu machen.

Aus: Maximen und Reflexionen

Ein echter deutscher Mann mag keinen Franzen leiden,
Doch ihre Weine trinkt er gern.

Aus: Faust

Die Geschichte der Wissenschaften ist eine große Fuge, in der die Stimmen der Völker nach und nach zum Vorschein kommen.

Aus: Maximen und Reflexionen

Die weite Welt, so ausgedehnt sie auch sei, ist immer nur ein erweitertes Vaterland und wird, genau besehen, uns nicht mehr geben, als was der einheimische Boden auch verlieh.

Im Gespräch mit Johann Peter Eckermann

Wie selten kommt ein König zu Verstand.

Aus: Egmont

Wer sich aufs Geld versteht ...

Nach Golde drängt,
Am Golde hängt
Doch alles.

Und wär' ich bei Geld,
So wär' ich bei Sinnen.

Rat denkt jeglicher genug bei
sich zu haben,
Geld fühlt er eher, wenn's
ihm fehlt.

Aus: Faust

Wer sich auf's Geld versteht,
Versteht sich auf die Zeit,
Sehr auf die Zeit!

Gesunder Mensch ohne Geld
Ist halb krank.

Daß ich bezahle,
Um zu verlieren,
Das sind, ich dächte,
Sehr falsche Kosten.

Aus: Zahme Xenien

Wer das Geld bringt, kann die Ware nach seinem Sinne verlangen.

Aus: Wilhelm Meisters Lehrjahre

Mehr Credit als Geld;
So kommt man durch die Welt.

Aus: Claudine von Villa bella

Eine Masse gemünztes Gold und Silber verleiht selbst dem Unwahren Ansehen und Gewicht; man läßt die Lüge gelten, indem man die Barschaft beneidet.

Aus: Tag- und Jahres-Hefte

Geld ist das zweite Blut des Menschen.

Aus: Reise in die Schweiz

Gold ist an und für sich selbst genereux.

Aus: Adagia

Aller Anfang ist schwer, am schwersten der Anfang der Wirtschaft.

Aus: Hermann und Dorothea

Gewiß ist ein ungeheurer Unterschied zwischen dem letzten Taler, den man borgt, und zwischen dem ersten, den man abbezahlt.

Aus: Unterhaltungen deutscher Ausgewanderter

Gran ignoranza,
ma danari assai.

Zur Erbauung sämtlicher deutscher Völkerschaften heißt diese Charakteristik übersetzt:

große Unwissenheit,
aber Geld genug.

Aus: Italienische Reise

Das Geld nimmt täglich ab,
und täglich braucht man mehr.

Aus: Die Mitschuldigen

Wer lange lebt, hat viel erfahren

Wanderers Nachtlied

Über allen Gipfeln
Ist Ruh',
In allen Wipfeln
Spürest du
Kaum einen Hauch.
Die Vögelein schweigen im
Walde.
Warte nur, balde
Ruhest du auch.

Je älter man wird, desto mehr verallgemeint sich alles, und wenn die Welt nicht ganz und gar verschwinden soll, so muß man sich zu denen halten, welche sie aufzubauen imstande sind.

An den Philosophen
Friedrich Wilhelm Josef Schelling, 1815

Nach ewigen, eh'rnen
Großen Gesetzen
Müssen wir alle
Unseres Daseins
Kreise vollenden.

Aus: Das Göttliche

Ein alter Mann ist stets ein König
Lear! –
Was Hand in Hand mitwirkte,
stritt,
Ist längst vorbeigegangen;
Was mit und an dir liebte, litt,
Hat sich wo anders angehangen;
Die Jugend ist um ihretwillen
hier,
Es wäre töricht zu verlangen,
Komm, ältle du mit mir.

Aus: Zahme Xenien

Man muß keine Jugendfehler ins Alter hineinnehmen; denn das Alter führt seine eigenen Mängel mit sich.

Man meint immer, man müsse alt werden, um gescheit zu sein; im Grunde aber hat man bei zunehmenden Jahren zu tun, sich so klug zu erhalten, als man gewesen ist. Der Mensch wird in seinen verschiedenen Altersstufen wohl ein anderer; aber er kann nicht sagen, daß er ein Besserer werde, und er kann in gewissen Dingen so gut in seinem zwanzigsten Jahre recht haben als in seinem sechzigsten.

Es ist unglaublich, wie viel der Geist zur Erhaltung seines Körpers vermag ... der Geist muß nur dem Körper nicht nachgeben.

Im Gespräch mit Johann Peter Eckermann

Die Sorge geziemt dem Alter, damit die Jugend eine Zeitlang sorglos sein kann.

Aus: Wilhelm Meisters Lehrjahre

Wer lange lebt, hat viel erfahren,
Nichts Neues kann für ihn auf
dieser Welt geschehen.

Aus: Faust

Man darf nur alt werden, um milde zu sein; ich sehe keinen Fehler begehen, den ich nicht auch begangen hätte.

Aus: Sprüche

Mit den Jahren
steigern sich die Prüfungen.

Aus: Maximen und Reflexionen

Wer spät im Leben sich
verstellen lernt,
Der hat den Schein der
Ehrlichkeit voraus.

Aus: Torquato Tasso

Man lebt nur einmal
in der Welt.

Aus: Clavigo

Der Alte verliert eins der größten
Menschenrechte;
er wird nicht mehr von
seinesgleichen beurteilt.

Aus: Sprüche

Der Mensch erfährt, er sei auch,
wer er mag,
Ein letztes Glück und einen
letzten Tag.

*Aus: Goethes Epilog zum Trauerspiel
»Essex« von John Banks*

Ist nicht das Leben kurz und öde genug? Sollen die sich nicht anfassen, deren Weg miteinander geht?

*An den Dichter Gottfried August Bürger,
1774*

Wenn der Mensch, bei schwer auszugleichendem inneren Widerstreit, sich gegen das Ende des Lebens einigermaßen schmeicheln darf, daß er denen, an deren Beifall alles gelegen ist, nicht ganz mißfallen habe, so ist dies der größte Gewinn, den er vom Leben erwarten kann.

An Karl August und Luise
Großherzog und Großherzogin von Weimar,
1825

Ein kleiner Ring
Begrenzt unser Leben,
Und viele Geschlechter
Reihen sich dauernd
An ihres Daseins
Unendliche Kette.

Aus: Grenzen der Menschheit

Ein unnütz Leben
ist ein früher Tod.

Der Tod,
gefürchtet oder ungefürchtet,
kommt unaufhaltsam.

Aus: Iphigenie auf Tauris

Einen Verlornen zu beweinen,
ist auch männlich.

Aus: Egmont

Lasset die Toten ihre Toten
begraben, wir wollen uns zu den
Lebendigen halten.

An Johann Heinrich Meyer, 1811

Alles Gescheite ist schon gedacht worden...

...man muß nur versuchen, es noch einmal zu denken.

Aus: Wilhelm Meister

Alles in der Welt läßt sich ertragen,
Nur nicht eine Reihe von schönen Tagen.

Aus: Sprichwörtlich

Auch den Verwirrungen des Zufalls muß man wohl manches Gute verdanken.

An Antonia von Arnim, 1815

Das Beste ist gerade gut genug.

Aus: Italienische Reise

Das höchste Glück ist das,
welches unsere Mängel
verbessert und unsere Fehler
ausgleicht.

Aus: Sprüche

Das Wichtige
bedenkt man nie genug.

Aus: Die natürliche Tochter

Der Wille lockt die Taten nicht
herbei.
Der Mut stellt sich die Wege
kürzer vor.

Aus: Torquato Tasso

Du sprichst ein großes Wort
gelassen aus!

Aus: Iphigenie auf Tauris

Der Worte sind genug
gewechselt,
Laßt mich auch endlich
Taten sehn.
Indes ihr Komplimente drechselt,
Kann etwas Nützliches geschehn.

Die Tat ist alles, nichts der Ruhm.

Aus: Faust

Ehmals hatte man Geschmack.
Nun gibt es Geschmäcke;
Aber sagt mir, wo sitzt dieser
Geschmäcke Geschmack?

Aus: Zahme Xenien

Ein kleiner Mann
ist auch ein Mann.

An Charlotte von Stein, 1787

Ein kluges Wort
erstarrt im harten Ohr.

Aus: Faust

Einem geschenkten Gaul
Sieht man nicht ins Maul,
Und wer einen Korb voll Äpfel
verschenkt,
Nicht just dran denkt,
Ob einen der Wurm hat
angefressen.

Aus: Zahme Xenien

Einer neuen Wahrheit ist nichts
schädlicher als ein alter Irrtum.

Aus: Wilhelm Meisters Wanderjahre

Es irrt der Mensch,
so lang er strebt.

Aus: Faust

Es ist dafür gesorgt,
daß die Bäume nicht
in den Himmel wachsen.

Aus: Dichtung und Wahrheit

Es ließe sich alles trefflich
schlichten,
Könnte man die Sache
zweimal verrichten.

Aus: Sprichwörtliches

Es wandelt niemand ungestraft
unter Palmen.

Aus: Die Wahlverwandtschaften

Frisch gewagt ist schon
gewonnen.

Aus: An die Erwählte

Getretener Quark
Wird breit, nicht stark.

Aus: West-östlicher Divan

Grau, teurer Freund, ist alle
Theorie
Und grün des Lebens
gold'ner Baum.

Aus: Faust

Ich kehre in mich selbst zurück
und finde eine Welt.

Aus: Die Leiden des jungen Werthers

Ihr müßt mich nicht durch
Widerspruch verwirren!
Sobald man spricht, beginnt man
schon zu irren.

Aus: Epigrammatisch

Leider sind es öfter die Meinungen über die Dinge als die Dinge selbst, wodurch die Menschen getrennt werden.

An den Dichter Friedrich Schiller, 1795

Man denkt an das,
was man verließ,
Was man gewohnt war,
bleibt ein Paradies.

Aus: Faust

Man merkt die Absicht, und
man ist verstimmt.

Aus: Torquato Tasso

Mit rechten Leuten
wird man was.

Aus: Faust

Man spricht vergebens viel,
um zu versagen,
Der andre hört vor allem
nur das Nein!

Aus: Iphigenie auf Tauris

Tages Arbeit, abends Gäste,
Saure Wochen, frohe Feste
Sei dein künftig Zauberwort.

Aus: Der Schatzgräber

Um vornehm zu scheinen, muß
man wirklich vornehm sein.

Aus: Wilhelm Meisters Lehrjahre

Was man erringt,
behauptet man hartnäckiger
als das,
was man ererbt hat.

Aus: Die hartnäckigen Weiber

Wer das erste Knopfloch verfehlt,
kommt mit dem Zuknöpfen nicht
zu Rande.

Aus: Maximen und Reflexionen

Wer ist ein unbrauchbarer
Mann?
Der nicht befehlen
Und auch nicht gehorchen kann.

Aus: Sprüche

Wer mit dem Leben spielt,
Kommt nie zurecht;
Wer sich nicht selbst befiehlt,
Bleibt immer ein Knecht.

Aus: Zahme Xenien

Wer schweigt,
hat wenig zu sorgen,
Der Mensch bleibt unter der
Zunge verborgen.

Aus: West-östlicher Divan

Wer sich kennt, kann sicher
vor- und rückwärts gehen.

Aus: Egmont

Wer sich nicht nach der
Decke streckt,
Dem bleiben die Füße
unbedeckt.

Aus: Sprichwörtlich

Wer vieles bringt, wird manchem
etwas bringen;
Und jeder geht zufrieden
aus dem Haus.

Aus: Faust

Wie das Gestirn
Ohne Hast,
Aber ohne Rast,
Dreht sich jeder
Um die eigene Last!

Aus: Zahme Xenien

Wo viel Licht ist,
ist starker Schatten.

Aus: Götz von berlichingen

Zwei Seelen wohnen, ach! in
meiner Brust

Aus: Faust

Verzeichnis der Schattenbilder

Aus dem lieferbaren Mini-Angebot

Kochbüchlein

Kochbüchlein Sachsen-Anhalt •
Kochbüchlein Schwaben •
Kochbüchlein Schweiz •
Kochbüchlein Thüringen •
Kochbüchlein USA • Kraut und Rüben •
Küchenkräuterbüchlein •
Mond-Drinks •
Nudeln, Spaghetti & Co. •
Obstbüchlein • Obstexoten •
Osterbüchlein • Pfefferkuchenbüchlein
Polen-Kochbüchlein • Quarkbüchlein •
Salate – ganz knackig •
Schlankes Kochbüchlein •
Schlesisches Kochbüchlein •
Schnellkochbüchlein •
Teevergnügen •
Ungarn-Kochbüchlein •
Vegetarisches Kochbüchlein •
Verführkochbüchlein •
Weinbüchlein •
Würzige Knabbereien •